D1716485

EL LIBRO DE
LAS NUBES

Tomie dePaola

EL LIBRO DE LAS NUBES

HOLIDAY HOUSE · NUEVA YORK

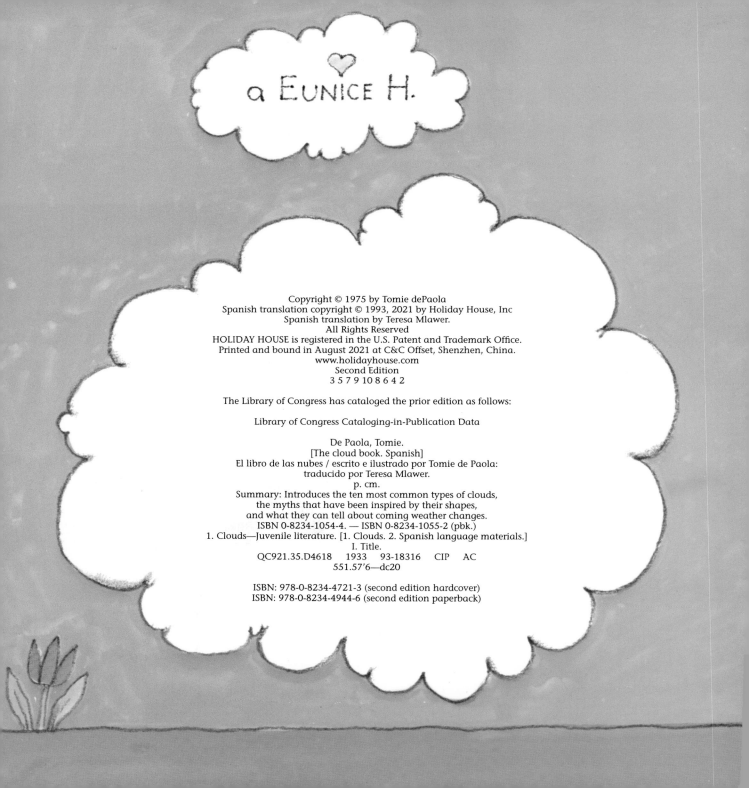

a EUNICE H.

The Library of Congress has cataloged the prior edition as follows:

Library of Congress Cataloging-in-Publication Data

De Paola, Tomie.
[The cloud book. Spanish]
El libro de las nubes / escrito e ilustrado por Tomie de Paola:
traducido por Teresa Mlawer.
p. cm.
Summary: Introduces the ten most common types of clouds,
the myths that have been inspired by their shapes,
and what they can tell about coming weather changes.
ISBN 0-8234-1054-4. — ISBN 0-8234-1055-2 (pbk.)
1. Clouds—Juvenile literature. [1. Clouds. 2. Spanish language materials.]
I. Title.
QC921.35.D4618   1933   93-18316   CIP   AC
551.57'6—dc20

ISBN: 978-0-8234-4721-3 (second edition hardcover)
ISBN: 978-0-8234-4944-6 (second edition paperback)

Casi siempre que sales
y miras el cielo,
puedes ver las nubes.

Las nubes son pequeñas gotitas de agua o hielo
suspendidas en la atmósfera alta
a gran distancia de la tierra.

Si en un pájaro pudieras volar a las alturas,
verías que toda la Tierra está cubierta de nubes.

Hay muchos tipos de nubes.
Algunas están muy alto, otras, no tanto
y algunas están bajas.
Los tres tipos de nubes más importantes son
cirros, *cúmulos* y *estratos*.
Los puedes distinguir por su forma
y por su posición en el cielo.

Los *cirros* son nubes blancas y ligeras,
y son las que están más alto.
A veces las llaman "colas de yegua".

Los *cúmulos* son nubes grandes y abultadas,
parecen coliflores y son planas por debajo.
Siempre están cambiando de forma
y se encuentran a poca altura en el cielo.

 ESTA ES UNA NUBE   ESTA ES UNA COLIFLOR

Los *estratos* también son nubes bajas.
Parecen amplias mantas de color gris,
y a veces les llaman "niebla alta".
Pueden producir llovizna o nieve ligera.

Hay muchos otros tipos de nubes.
Tienen nombres más largos,
como si los cirros, cúmulos y estratos
se hubieran mezclado en parejas.

Las *cirrocúmulos* son nubes pequeñas que parecen de lana.
Es difícil verlas porque están muy alto en el cielo.
Les dicen "cielo aborregado" porque parecen ovejas o borregos.
Los franceses las llaman "mouton", que significa oveja o borrego.
En inglés se les llama "cielo de caballas o jureles".

"MOUTONS"

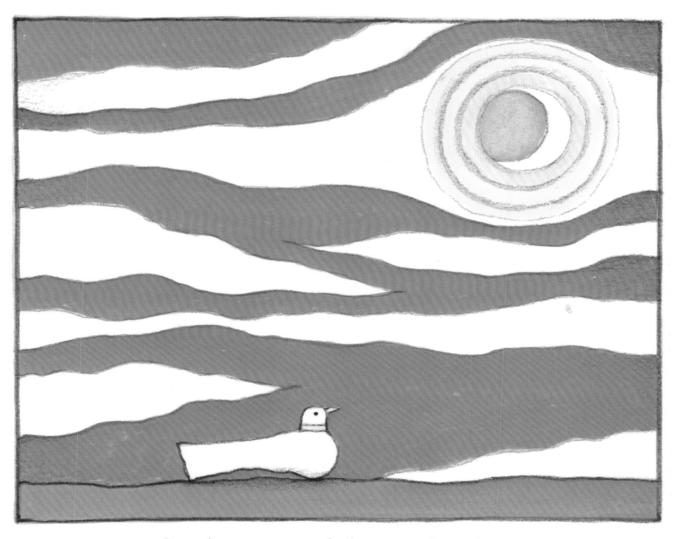

Los *cirrostratos* también son nubes altas.
Cubren el cielo con una delgada sábana blanca.
Cuando el sol y la luna están detrás de ellas,
puedes ver un halo a su alrededor.
Se conocen como "nubes sábana".

Los *altoestratos* y *altocúmulos* se encuentran a una altura media.

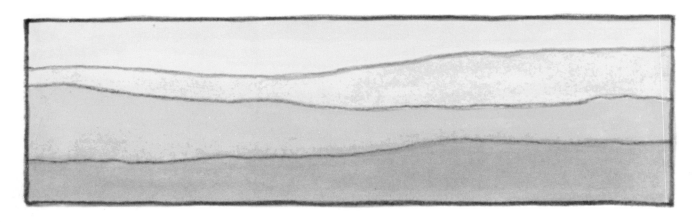

Los altoestratos parecen franjas grises o azules,
y pueden producir lluvia o nieve.

Los altocúmulos se parecen a los cirrocúmulos,
pero son más abultados.
Son nubes de color gris o blancuzco,
y si caminas debajo de ellas
puede que sientas alguna llovizna o nieve ligera.

Los *nimbostratos, estratocúmulos* y *cumulonimbos*
son nubes bajas.

Los nimbostratos producen lluvias y nevadas.
Es fácil verlos porque son densos y oscuros.

Los estratocúmulos parecen ondulaciones
de nubes de color gris y gris oscuro,
pero no son nubes de lluvia.
Por lo general, se ven en el invierno.

Los cumulonimbos son las nubes que ves
cuando hay tormenta. Parecen
montañas de gigantescos cúmulos.

POSADA DE HEIDI

La niebla es una nube compuesta por gotitas de agua
que se forma a nivel del suelo.
Puede llegar hasta tu jardín,
sobre todo si vives en una montaña.

Las personas que viven en las montañas
les dan nombres particulares a las nubes.

UNA

OTRA

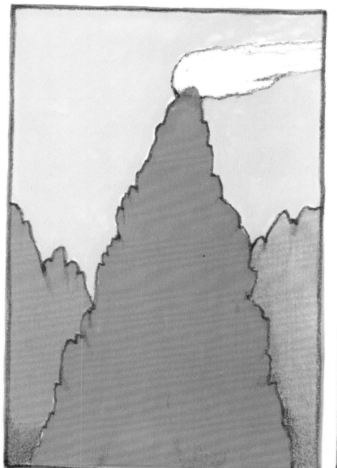

A una la llaman "la bandera".
A otra me gusta llamarla "la boa".

ESTA BOA NO ES UNA NUBE, ES UNA SERPIENTE

En la antigüedad, las personas miraban a la nubes
y veían cosas.

Los antiguos griegos creían que Hermes,
el mensajero de los dioses (y el viento),
se robó una vez el rebaño del sol (que eran las nubes).

Y en el Labrador, muy al norte,
la gente creía que la niebla era producida
por un oso blanco que había bebido mucha agua y reventado.

¡La gente ha visto gigantes, animales,
barcos y castillos en las nubes!

Algunos refranes sobre las nubes
nos ayudan a predecir el tiempo.

ENTRE LOS CAMPESINOS:

Cuando por la montaña la niebla sube,
pronto cae la lluvia de la nube.

PARA LOS VIAJEROS:

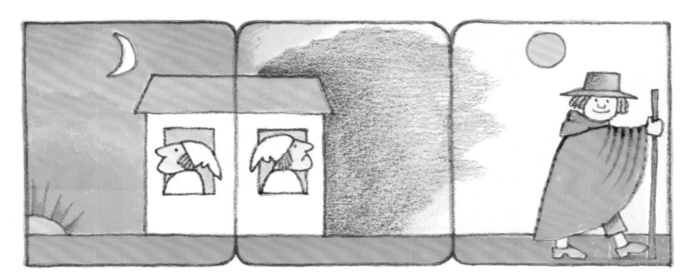

Por la tarde arreboles,
por la mañana soles.

Un atardecer gris y un amanecer rojizo
es señal de lluvia o granizo.

Si al amanecer hay nubes grandes,
la gente suele decir:

Cielo aborregado,

suelo mojado.

Y los marineros saben que:

Cielo empedrado y nubes cirrosas

señal es de una tormenta espantosa.

También hay refranes graciosos.
Si alguien parece no saber lo que está haciendo,
la gente suele decir:

LA NUBE ENTRA EN LA HABITACIÓN.

LA NUBE CUBRE LA HABITACIÓN.

LA NUBE SALE DE LA HABITACIÓN.

LA HABITACIÓN.

YA VES QUE LAS NUBES PUEDEN SER DIVERTIDAS, TRAVIESAS Y MUY INTERESANTES.

ÍNDICE DE NUBES

altocúmulos 14

altoestratos 14

cirrocúmulos 12

cirrostratos 13

cirros 8, 9, 12

cumulonimbos 15, 17

cúmulos 8, 10, 12

estratocúmulos 15, 16

estratos 8, 11, 12

nimbostratos 15